Printed in the USA

French Swearing:
55 French Verbs
Conjugated in All Tenses
with Examples

By Lucas Petit

Contents

Baiser = to fuck 1

Balancer = to tell on somebody, to rat somebody out 2

Baliser = to freak out 3

Bander = to have a boner 4

Barrer (se) = to flee 5

Bifler = to dick slap 6

Bourrer (se) = get drunk 7

Branler (se) = to jerk off 8

Branler = to do something 9

Buller = to chill 10

Calculer = not ignore/follow something or someone 11

Carotter = take advantage of/trick somebody 12

Casser = to make fun of somebody by making what he just said sound stupid 13

Chambrer = tease somebody 14

Chier = to shit 15

Chiner = to flirt 16

Chlinguer = to stink 17

Chougner = to cry/whine for something not important 18

Couillonner = to scam, swindle somebody 19

Cracher = to spit	20
Craindre = to be lame/not cool	21
Déchirer = to be awesome	22
Déconner = to say dumb things	23
Dégueuler = to puke	24
Désaper = to undress	25
Draguer = to flirt	26
Emmerder = to annoy a lot	27
Enculer = to have anal sex/to fuck	28
Exciter (s') = to become horny	29
Fayoter = to show off	30
Flamber = spend a lot of money in one row	31
Flipper = to freak out/to be scared	32
Foirer = to screw up	33
Fourrer = to penetrate (sexual meaning)/to fuck	34
Frimer = to brag	35
Glander = to not do anything/to chill	36
Gueuler = to shout	37
Jacasser = to talk too much/to blab	38
Kiffer = to dig/to like something	39
Merder = to fuck up	40
Michetoner = to be a prostitute	41

Moufter = to rebel oneself verbally	42
Niquer = to fuck, to hit somebody	43
Palucher (se) = to jerk off	44
Peler = to French kiss somebody	45
Pillaver = to drink alcohol	46
Pisser = to piss	47
Raquer = spend a lot of money you don't want to	48
Scotcher = to be amazed by something	49
Squatter = to hang out	50
Sucer = to suck	51
Tchatcher = To chat (in a misleading way)	52
Torcher (se) = to drink too much/to get wasted	53
Tringler = to fuck hard/to bang	54
Zyeuter = to look someone intensely	55

Baiser = to fuck

Présent:	**Passé simple:**
Je baise	Je baisa
Tu baises	Tu baisas
Il baise	Il baisa
Nous baisons	Nous baisions
Vous baisez	Vous baisiez
Ils baisent	Ils baisèrent
Passé composé:	**Futur simple:**
J'ai baisé	Je baiserai
Tu as baisé	Tu baiseras
Il a baisé	Il baisera
Nous avons baisé	Nous baiserons
Vous avez baisé	Vous baiserez
Ils ont baisé	Ils baiseront

Exemples :
Il l'a baisée mais ne l'a jamais rappelée.
He fucked her but never called her back.

On a baisé toute la nuit !
We fucked the whole night!

Balancer = to tell on somebody, to rat somebody out

Présent:	**Passé simple:**
Je balance	Je balançai
Tu balances	Tu balanças
Il balance	Il balança
Nous balançons	Nous balancions
Vous balancez	Vous balanciez
Ils balancent	Ils balancèrent
Passe compose:	**Futur simple:**
J'ai balancé	Je balancerai
Tu as balancé	Tu balanceras
Il a balancé	Il balancera
Nous avons balancé	Nous balancerons
Vous avez balancé	Vous balancerez
Ils ont balancé	Ils balanceront

Exemples :

Ils nous ont balancés au directeur !
They ratted us out to the director.

Si tu continues, je vais te balancer à tes parents.
If you continue, I will rat you out to your parents.

Baliser = to freak out

Présent:	**Passé simple:**
Je balise	Je balisai
Tu balises	Tu balisas
Il balise	Il balisa
Nous balisons	Nous balisions
Vous balisez	Vous balisiez
Ils balisent	Ils balisèrent
Passé composé:	**Futur simple:**
J'ai balisé	Je baliserai
Tu as balisé	Tu baliseras
Il a balisé	Il balisera
Nous avons balisé	Nous baliserons
Vous avez balisé	Vous baliserez
Ils ont balisé	Ils baliseront

Exemples :
J'ai vraiment balisé quand les flics sont arrivés.
I was freaking out when the cops arrived.

Arrête de baliser, tout va bien se passer !
Stop freaking out, everything is going to be fine.

Bander = to have a boner

Présent:	**Passe simple**
Je bande	Je bandai
Tu bandes	Tu bandas
Il bande	Il banda
Nous bandons	Nous bandions
Vous bandez	Vous bandiez
Ils bandent	Ils bandèrent
Passé composé:	**Futur simple:**
J'ai bandé	Je banderai
Tu as bandé	Tu banderas
Il a bandé	Il bandera
Nous avons bandé	Nous banderons
Vous avez bandé	Vous banderez
Ils ont bandé	Ils banderont

Exemples :

J'étais sur lui et il bandait grave.
I was on him and he had such a big boner.

Les filles comme elle, ça me fait vraiment bander.
Girls like her give me a big boner.

Barrer (se) = to flee

Présent:	**Passé simple:**
Je me barre	Je me barrai
Tu te barres	Tu te barras
Il se barre	Il se barra
Nous nous barrons	Nous nous barrions
Vous vous barrez	Vous vous barriez
Ils se barrent	Ils se barrèrent
Passé composé:	**Futur simple:**
Je me suis barré	Je me barrerai
Tu t'es barré	Tu te barreras
Il s'est barré	Il se barrera
Nous nous sommes barrés	Nous nous barrerons
Vous vous êtes barrés	Vous vous barrerez
Ils se sont barrés	Ils se barreront

Exemples :

On s'est barrés sans payer !
We fled away without paying!

Ils se sont barrés juste avant que le match commence.
They fled away just before the game began.

Bifler = to dick slap

Present	Passé simple:
Je bifle	Je biflai
Tu bifles	Tu biflas
Il bifle	Il bifla
Nous biflons	Nous biflions
Vous biflez	Vous bifliez
Ils biflent	Ils biflerent

Passe compose	Futur simple:
J'ai bifle	Je biflerai
Tu as bifle	Tu bifleras
Il a bifle	Il biflera
Nous avons bifle	Nous biflerons
Vous avez bifle	Vous biflerez
Ils ont bifle	Ils bifleront

Exemples :

Je vais te bifler si tu continues à dire des bêtises.
I am going to dick slap you if you keep talking nonsense.

Elle aime bien se faire bifler, apparemment.
Apparently, she likes being dick slapped.

Bourrer (se) = get drunk

Présent:	**Passé simple:**
Je me bourre	Je me bourrai
Tu te bourres	Tu te bourras
Il se bourre	Il se bourra
Nous nous bourrons	Nous nous bourrions
Vous vous bourrez	Vous vous bourriez
Ils se bourrent	Ils se bourrèrent
Passé composé:	**Futur simple:**
Je me suis bourré	Je me bourrai
Tu t'es bourré	Tu te bourras
Il s'est bourré	Il se bourrera
Nous nous sommes bourrés	Nous nous bourrerons
Vous vous êtes bourrés	Vous vous bourrerez
Ils se sont bourrés	Ils se bourreront

Exemples :

Je me suis trop bourré la gueule hier, j'ai une de ces gueules de bois !
I got way too drunk yesterday, I have such a hangover!

Et ce soir, c'est vendredi soir. On se bourre ?
And tonight, it is Friday night. Should we get drunk?

Branler (se) = to jerk off

Présent:	**Passé simple:**
Je me branle	Je me branlai
Tu te branles	Tu te branlas
Il se branle	Il se branla
Nous nous branlons	Nous nous branlions
Vous vous branlez	Vous vous branliez
Ils se branlent	Ils se branlèrent
Passé composé:	**Futur simple:**
Je me suis branlé	Je me branlerai
Tu t'es branlé	Tu te branleras
Il s'est branlé	Il se branlera
Nous nous sommes branlés	Nous nous branlerons
Vous vous êtes branlés	Vous vous branlerez
Ils se sont branlés	Ils se branleront

Exemples :

Je me suis trop branlé hier, j'ai mal à la main.
I jerked off too much yesterday, my hand hurts.

Il se branle 3 fois par jour, ce mec est une nymphomane !
He jerks off 3 times a day, this guy is a nymphomaniac !

Branler = to do something

Présent:	Passé simple:
Je branle	Je branlai
Tu branles	Tu branlas
Il branle	Il branla
Nous branlons	Nous branlions
Vous branlez	Vous branliez
Ils branlent	Ils branlèrent
Passe compose	**Futur simple:**
J'ai branlé	Je branlerai
Tu as branlé	Tu branleras
Il a branlé	Il branlera
Nous avons branlé	Nous branlerons
Vous avez branlé	Vous branlerez
Ils ont branlé	Ils branleront

Exemples :

Je me sens un peu coupable, j'ai rien branlé aujourd'hui.
I feel a bit guilty, I didn't do anything today.

Qu'est-ce que tu branles ? On t'attend !
What the fuck are you doing? We are waiting for you!

Buller = to chill

Présent	**Passé simple:**
Je bulle	Je bullai
Tu bulles	Tu bullas
Il bulle	Il bulla
Nous bullons	Nous bullions
Vous bullez	Vous bulliez
Ils bullent	Ils bullèrent
Passé composé:	**Futur simple:**
J'ai bullé	Je bullerai
Tu as bullé	Tu bulleras
Il a bullé	Il bullera
Nous avons bullé	Nous bullerons
Vous avez bullé	Vous bullerez
Ils ont bullé	Ils bulleront

Exemples :

Demain c'est samedi. Je vais buller toute la journée.
Tomorrow, it is Saturday. I'm going to chill the whole day.

On a bullé hier soir à regarder des séries et des films.
Yesterday evening, we chilled watching TV shows and movies.

Calculer = not ignore/follow something or someone

Présent:	**Passé simple:**
Je calcule	Je calculai
Tu calcules	Tu calculas
Il calcule	Il calcula
Nous calculons	Nous calculions
Vous calculez	Vous calculiez
Ils calculent	Ils calculèrent
Passé composé:	**Futur simple:**
J'ai calculé	Je calculerai
Tu as calculé	Tu calculeras
Il a calculé	Il calculera
Nous avons calculé	Nous calculerons
Vous avez calculé	Vous calculerez
Ils ont calculé	Ils calculeront

Exemples :

Je ne sais pas ce que j'ai fait, mais il me calcule pas depuis hier.
I don't know what I did to him, but he is ignoring me since yesterday.

Je calcule plus ce que la prof de maths dit.
I can't follow what the math teacher is saying.

Carotter = take advantage of/trick somebody

Présent:	**Passé simple:**
Je carotte	Je carottai
Tu carottes	Tu carottas
Il carotte	Il carotta
Nous carottons	Nous carottions
Vous carottez	Vous carottiez
Ils carottent	Ils carottèrent
Passé composé:	**Futur simple:**
J'ai carotté	Je carotterai
Tu as carotté	Tu carotteras
Il a carotté	Il carottera
Nous avons carotté	Nous carotterons
Vous avez carotté	Vous carotterez
Ils ont carotté	Ils carotteront

Exemples :

Franck m'a trop carotté en me faisant croire qu'il me rembourserait !
Franck tricked me by making me believe that he will reimburse me.

Tu t'es fait carotter en beauté par ton ex.
You've been properly tricked by your ex.

Casser = to make fun of somebody by making what he just said sound stupid

Présent:	**Passé simple:**
Je casse	Je cassai
Tu casses	Tu cassas
Il casse	Il cassa
Nous cassons	Nous cassions
Vous cassez	Vous cassiez
Ils cassent	Ils cassèrent
Passé composé:	**Futur simple:**
J'ai cassé	Je casserai
Tu as cassé	Tu casseras
Il a cassé	Il cassera
Nous avons cassé	Nous casserons
Vous avez cassé	Vous casserez
Ils ont cassé	Ils casseront

Exemples :

Il a vraiment cassé ta blague devant tout le monde.
He really destroyed your joke in front of everyone.

Il me casse toujours dès que j'ouvre la bouche.
Each time I am opening my mouth, he is making fun of what I say.

Chambrer = tease somebody

Présent:	**Passé simple:**
Je chambre	Je chambrai
Tu chambres	Tu chambras
Il chambre	Il chambra
Nous chambrons	Nous chambrions
Vous chambrez	Vous chambriez
Ils chambrent	Ils chambrèrent
Passe compose	**Futur simple:**
J'ai chambré	Je chambrerai
Tu as chambré	Tu chambreras
Il a chambré	Il chambrera
Nous avons chambré	Nous chambrerons
Vous avez chambré	Vous chambrerez
Ils ont chambré	Ils chambreront

Exemples :
Il adore chambrer sa petite sœur.
He loves teasing his little sister.

Arrête de me chambrer, tu es pénible !
Stop teasing me, you are annoying!

Chier = to shit

Présent:	**Passé simple:**
Je chie	Je chiai
Tu chies	Tu chias
Il chie	Il chia
Nous chions	Nous chiions
Vous chiez	Vous chiiez
	Ils chièrent

Passé composé:	**Futur simple:**
J'ai chié	Je chierai
Tu as chié	Tu chieras
Il a chié	Il chiera
Nous avons chié	Nous chierons
Vous avez chié	Vous chierez
Ils ont chié	Ils chieront

Exemples :

Le chien a chié partout par terre.
The dog shat everywhere.

J'ai envie de chier depuis ce matin.
I want to shit since this morning.

Chiner = to flirt

Présent:	**Passé simple:**
Je chine	Je chinai
Tu chines	Tu chinas
Il chine	Il china
Nous chinons	Nous chinions
Vous chinez	Vous chiniez
Ils chinent	Ils chinèrent
Passé composé:	**Futur simple:**
J'ai chiné	Je chinerai
Tu as chiné	Tu chineras
Il a chiné	Il chinera
Nous avons chiné	Nous chinerons
Vous avez chiné	Vous chinerez
Ils ont chiné	Ils chineront

Exemples :
J'ai l'impression que le mec là-bas me chine.
I think this guy there is flirting with me.

Elle, je vais trop la chiner !
I am definitely going to flirt with this girl!

Chlinguer = to stink

Présent:	**Passé simple:**
Je chlingue	Je chlinguai
Tu chlingues	Tu chlinguas
Il chlingue	Il chlingua
Nous chlinguons	Nous chlinguions
Vous chlinguez	Vous chlinguiez
Ils chlinguent	Ils chlinguèrent
Passé composé:	**Futur simple:**
J'ai chlingué	Je chlinguerai
Tu as chlingué	Tu chlingueras
Il a chlingué	Il chlinguera
Nous avons chlingué	Nous chlinguerons
Vous avez chlingué	Vous chlinguerez
Ils ont chlingué	Ils chlingueront

Exemples :
Ta chambre chlingue trop !
Your room stinks so much!

Si j'enlève mes chaussures, ça va chlinguer dans toute la pièce.
If I remove my shoes, it will stink in the whole room.

Chougner = to cry/whine for something not important

Présent:	**Passé simple:**
Je chougne	J'ai chougné
Tu chougnes	Tu as chougné
Il chougne	Il a chougné
Nous chougnons	Nous avons chougné
Vous chougnez	Vous avez chougné
Ils chougnent	Ils ont chougné
Passé composé:	**Futur simple:**
J'ai chougné	Je chougnerai
Tu as chougné	Tu chougneras
Il a chougné	Il chougnera
Nous avons chougné	Nous chougnerons
Vous avez chougné	Vous chougnerez
Ils ont chougné	Ils chougneront

Exemples :

Arrête de chougner, ça ne changera pas les choses.
Stop whining, it is not going to change anything.

Elle chougne toujours comme un bébé pour rien.
She is always crying as a baby for nothing.

Couillonner = to scam, swindle somebody

Présent:	**Passé simple:**
Je couillonne	Je couillonnai
Tu couillonnes	Tu couillonnas
Il couillonne	Il couillonna
Nous couillonnons	Nous couillonnions
Vous couillonnez	Vous couillonniez
Ils couillonnent	Ils couillonnèrent
Passé composé:	**Futur simple:**
J'ai couillonné	Je couillonnerai
Tu as couillonné	Tu couillonneras
Il a couillonné	Il couillonnera
Nous avons couillonné	Nous couillonnerons
Vous avez couillonné	Vous couillonnerez
Ils ont couillonné	Ils couillonneront

Exemples :

Je me suis bien fait couillonner par le marchand de disques.
I really got scammed by the seller of these records.

Il faut faire attention à ne pas se faire couillonner.
One should be careful to not get scammed.

Cracher = to spit

Présent:	**Passé simple:**
je crache	je crachai
Tu craches	Tu crachas
Il crache	Il cracha
Nous crachons	Nous crachions
Vous crachez	Vous crachiez
Ils crachent	Ils crachèrent
Passé composé:	**Futur simple:**
J'ai craché	je cracherai
Tu as craché	Tu cracheras
Il a craché	Il crachera
Nous avons craché	Nous cracherons
Vous avez craché	Vous cracherez
Ils ont craché	Ils cracheront

Exemples :
Je ne cracherais pas sur un sandwich tiens !
I wouldn't be spit on a sandwich now!

Arrête de cracher, c'est dégueulasse !
Stop spitting, it is disgusting!

Craindre = to be lame/not cool

Présent:	**Passé simple:**
Je crains	Je crains
Tu crains	Tu crains
Il craint	Il craint
Nous craignons	Nous craignions
Vous craignez	Vous craigniez
Ils craignent	Ils craignirent
Passé composé:	**Futur simple:**
J'ai craint	Je craindrai
Tu as craint	Tu craindras
Il a craint	Il craindra
Nous avons craint	Nous craindrons
Vous avez craint	Vous craindrez
Ils ont craint	Ils craindront

Exemples :

Tes chaussures craignent !
Your shoes are lame!

Ça craint que tu ne puisses pas venir à la fête ce soir.
It sucks you cannot come to the party tonight.

Déchirer = to be awesome

Présent	**Passé simple:**
je déchire	je déchirai
Tu déchires	Tu déchiras
Il déchire	Nous déchirions
Nous déchirons	Vous déchiriez
Vous déchirez	Ils déchirèrent
Ils déchirent	
Passé composé:	**Futur simple:**
J'ai déchiré	je déchirerai
Tu as déchiré	Tu déchireras
Il a déchiré	Il déchirera
Nous avons déchiré	Nous déchirerons
Vous avez déchiré	Vous déchirerez
Ils ont déchiré	Ils déchireront

Exemples :
La nouvelle chanson de Lady gaga déchire !
The new song of Lady gaga is awesome!

Tes nouveaux habits déchirent. Tu les as achetés chez Zara ?
Your new clothes are awesome. Did you buy them in Zara?

Déconner = to say dumb things

Présent:	**Passé simple:**
je déconne	Je déconnai
Tu déconnes	Tu déconnas
Il déconne	Il déconna
Nous déconnons	Nous déconnions
Vous déconnez	Vous déconniez
Ils déconnent	Ils déconnèrent
Passé composé:	**Futur simple:**
J'ai déconné	Je déconnerai
Tu as déconné	Tu déconneras
Il a déconné	Il déconnera
Nous avons déconné	Nous déconnerons
Vous avez déconné	Vous déconnerez
Ils ont déconné	Ils déconneront

Exemples :

Ne déconne pas. Tu ne vas pas faire ça quand même ?
Stop saying dumb things. You are not going to do that right?

Le prend pas mal. Il dit ça pour déconner.
Don't take it bad. He said that as a joke.

Dégueuler = to puke

Présent:	**Passé simple:**
Je dégueule	je dégueulai
Tu dégueules	Tu dégueulas
Il dégueule	Il dégueula
Nous dégueulons	Nous dégueulions
Vous dégueulez	Vous dégueuliez
Ils dégueulent	Ils dégueulèrent
Passé composé:	**Futur simple:**
J'ai dégueulé	Je dégueulerai
Tu as dégueulé	Tu dégueuleras
Il a dégueulé	Il dégueulera
Nous avons dégueulé	Nous dégueulerons
Vous avez dégueulé	Vous dégueulerez
Ils ont dégueulé	Ils dégueuleront

Exemples :
Il était trop bourré, donc il a dégueulé partout.
He was too drunk, so he puked everywhere.

Ça me donne envie de dégueuler de voir ça.
It makes me want to puke, to see all of that.

Désaper = to undress

Présent:	**Passé simple:**
Je désape	Je désapai
Tu désapes	Tu désapas
Il désape	Il désapa
Nous désapons	Nous désapions
Vous désapez	Vous désapiez
Ils désapent	Ils désapèrent
Passé composé:	**Futur simple:**
J'ai désapé	Je désaperai
Tu as désapé	Tu désaperas
Il a désapé	Il désapera
Nous avons désapé	Nous désaperons
Vous avez désapé	Vous désaperez
Ils ont désapé	Ils désaperont

Exemples :

Je dois me désaper et me changer ?
I have to undress and to change.

Il se désape pour le moment, il ne va pas tarder.
He is getting undressed now, he won't be late.

Draguer = to flirt

Présent:	**Passé simple:**
Je drague	Je draguai
Tu dragues	Tu draguas
Il drague	Il dragua
Nous draguons	Nous draguions
Vous draguez	Vous draguiez
Ils draguent	Ils draguèrent
Passé composé:	**Futur simple:**
J'ai dragué	Je draguerai
Tu as dragué	Tu dragueras
Il a dragué	Il draguera
Nous avons dragué	Nous draguerons
Vous avez dragué	Vous draguerez
Ils ont dragué	Ils dragueront

Exemples:
Il m'a dragué toute la soirée, mais je l'ai envoyé balader.
He was flirting with me the whole night, but I told him to get lost.

Arrête de la draguer maintenant, tu deviens lourd !
Stop flirting with her now, you are getting annoying!

Emmerder = to annoy a lot

Présent:	**Passé simple:**
J'emmerde	J'emmerdai
Tu emmerdes	Tu emmerdas
Il emmerde	Il emmerda
Nous emmerdons	Nous emmerdions
Vous emmerdez	Vous emmerdiez
Ils emmerdent	Ils emmerdèrent
Passé composé:	**Futur simple:**
J'ai emmerdé	J'emmerderai
Tu as emmerdé	Tu emmerderas
Il a emmerdé	Il emmerdera
Nous avons emmerdé	Nous emmerderons
Vous avez emmerdé	Vous emmerderez
Ils ont emmerdé	Ils emmerderont

Exemples:

Tu m'emmerdes avec tes questions !
You are annoying me with your questions!

Je vais juste poser ça ici. Je ne vais pas m'emmerder.
I am going to leave it here. I don't want to get annoyed.

Enculer = to have anal sex/to fuck

Présent:	**Passé simple:**
J'encule	J'enculai
Tu encules	Tu enculas
Il encule	Il encula
Nous enculons	Nous enculions
Vous enculez	Vous enculiez
Ils enculent	Ils enculèrent
Passé composé:	**Futur simple:**
J'ai enculé	J'enculerai
Tu as enculé	Tu enculeras
Il enculé	Il enculera
Nous avons enculé	Nous enculerons
Vous avez enculé	Vous enculerez
Ils ont enculé	Ils enculeront

Exemples:

Je l'ai enculée 3 fois hier !
I fucked her in the ass 3 times yesterday!

Va te faire enculer si c'est ce que tu veux !
Go get laid, if this is what you want!

Exciter (s') = to become horny

Présent:	**Passé simple:**
J'excite	J'excitai
Tu excites	Tu excitas
Il excite	Il excita
Nous excitons	Nous excitions
Vous excitez	Vous excitiez
Ils excitent	Ils excitèrent

Passé composé:	**Futur simple:**
J'ai excité	J'exciterai
Tu as excité	Tu exciteras
Il a excité	Il excitera
Nous avons excité	Nous exciterons
Vous avez excité	Vous exciterez
Ils ont excité	Ils exciteront

Exemples :

J'étais vraiment super excitée hier alors on a baisé toute la nuit !
I was so horny yesterday, so we fucked the whole night!

T'as des techniques pour les exciter, toi ?
Do you have techniques to excite them?

Fayoter = to show off

Présent:	**Passé simple:**
je fayote	je fayotai
Tu fayotes	Tu fayotas
Il fayote	Il fayota
Nous fayotons	Nous fayotions
Vous fayotez	Vous fayotiez
Ils fayotent	Ils fayotèrent
Passé composé:	**Futur simple:**
J'ai fayoté	je fayoterai
Tu as fayoté	Tu fayoteras
Il a fayoté	Il fayotera
Nous avons fayoté	Nous fayoterons
Vous avez fayoté	Vous fayoterez
Ils ont fayoté	Ils fayoteront

Exemples :
Il fayote toujours pour se faire bien voir des profs.
He is always showing off to get the attention of teachers.

Tu peux arrêter de fayoter un petit peu ?
Can you stop showing off a bit?

Flamber = spend a lot of money in one row

Present	Passé simple:
je flambe	je flambai
Tu flambes	Tu flambas
Il flambe	Il flamba
Nous flambons	Nous flambions
Vous flambez	Vous flambiez
Ils flambent	Ils flambèrent
Passé composé:	**Futur simple:**
J'ai flambé	je flamberai
Tu as flambé	Tu flamberas
Il a flambé	Il flambera
Nous avons flambé	Nous flamberons
Vous avez flambé	Vous flamberez
Ils ont flambé	Ils flamberont

Exemples :

J'ai trop flambé le weekend dernier. Aujourd'hui, je reste à la maison.
I spent too much money yesterday. Today, I'm staying home.

Ah oui, tu es d'humeur à flamber tout ton argent ?
Really? Are you in the mood of spending all your money?

Flipper = to freak out/to be scared

Présent:	**Passé simple:**
Je flippe	Je flippai
Tu flippes	Tu flippas
Il flippe	Il flippa
Nous flippons	Nous flippions
Vous flippez	Vous flippiez
Ils flippent	Ils flippèrent
Passé composé:	**Futur simple:**
J'ai flippé	Je flipperai
Tu as flippé	Tu flipperas
Il a flippé	Il flippera
Nous avons flippé	Nous flipperons
Vous avez flippé	Vous flipperez
Ils ont flippé	Ils flipperont

Exemples :
J'ai vraiment flippé quand la police a débarqué !
I really freaked out when the police arrived!

Arrête de me faire flipper avec des histoires pareilles !
Stop scaring me with such stories!

Foirer = to screw up

Présent:	**Passé simple:**
Je foire	Je foirai
Tu foires	Tu foiras
Il foire	Il foira
Nous foirons	Nous foirions
Vous foirez	Vous foiriez
Ils foirent	Ils foirèrent
Passé composé:	**Futur simple:**
J'ai foiré	Je foirerai
Tu as foiré	Tu foireras
Il a foiré	Il foirera
Nous avons foiré	Nous foirerons
Vous avez foiré	Vous foirerez
Ils ont foiré	Ils foireront

Exemples :

J'ai vraiment foiré sur ce coup, c'est irrattrapable.
I really screw that up, it is irremediable.

J'ai foiré mon interro ce matin... Je ne pense pas avoir la moyenne.
I screwed up my test this morning...I don't think I'm going to have a good grade.

Fourrer = to penetrate (sexual meaning)/to fuck

Présent:	**Passé simple:**
je fourre	je fourrai
Tu fourres	Tu fourras
Il fourre	Il fourra
Nous fourrons	Nous fourrions
Vous fourrez	Vous fourriez
Ils fourrent	Ils fourrèrent
Passé composé:	**Futur simple:**
J'ai fourré	je fourrerai
Tu as fourré	Tu fourreras
Il a fourré	Il fourrera
Nous avons fourré	Nous fourrerons
Vous avez fourré	Vous fourrerez
Ils ont fourré	Ils fourreront

Exemples :

Elle a l'habitude de se faire fourrer celle-là !
This one is used to get fucked!

Alors, tu l'as fourrée hier soir ?
So, did you fuck her yesterday?

Frimer = to brag

Présent:	**Passé simple:**
je frime	je frimai
Tu frimes	Tu frimas
Il frime	Il frima
Nous frimons	Nous frimions
Vous frimez	Vous frimiez
Ils friment	Ils frimèrent
Passé composé:	**Futur simple:**
J'ai frimé	je frimerai
Tu as frimé	Tu frimeras
Il a frimé	Il frimera
Nous avons frimé	Nous frimerons
Vous avez frimé	Vous frimerez
Ils ont frimé	Ils frimeront

Exemples :

Il frime toujours avec ses nouveaux vêtements.
He is always bragging about his new clothes.

Il n'y a vraiment pas de quoi frimer, après ce que tu viens de dire.
There is nothing to brag about, after what you just said.

Glander = to not do anything/to chill

Présent:	**Passé simple:**
je glande	je glandai
Tu glandes	Tu glandas
Il glande	Il glanda
Nous glandons	Nous glandions
Vous glandez	Vous glandiez
Ils glandent	Ils glandèrent
Passé composé:	**Futur simple:**
J'ai glandé	je glanderai
Tu as glandé	Tu glanderas
Il a glandé	Il glandera
Nous avons glandé	Nous glanderons
Vous avez glandé	Vous glanderez
Ils ont glandé	Ils glanderont

Exemples :

J'ai glandé toute la journée hier, ça fait du bien !
I chilled the whole day, it was nice!

Il faut que j'arrête de glander et de tout remettre au lendemain.
I have to stop being useless and postpone everything to the next day.

Gueuler = to shout

Présent:	**Passé simple:**
je gueule	je gueulai
Tu gueules	Tu gueulas
Il gueule	Il gueula
Nous gueulons	Nous gueulions
Vous gueulez	Vous gueuliez
Ils gueulent	Ils gueulèrent
Passé composé:	**Futur simple:**
J'ai gueulé	je gueulerai
Tu as gueulé	Tu gueuleras
Il a gueulé	Il gueulera
Nous avons gueulé	Nous gueulerons
Vous avez gueulé	Vous gueulerez
Ils ont gueulé	Ils gueuleront

Exemples :

Arrête de gueuler, je suis juste à côté de toi !
Stop shouting, I am just next to you!

Elles gueulent sans arrêt, c'est insupportable.
They are always shouting, it is unbearable!

Jacasser = to talk too much/to blab

Présent:	Passé simple:
je jacasse	je jacassai
Tu jacasses	Tu jacassas
Il jacasse	Il jacassa
Nous jacassons	Nous jacassions
Vous jacassez	Vous jacassiez
Ils jacassent	Ils jacassèrent
Passé composé:	**Futur simple:**
J'ai jacassé	je jacasserai
Tu as jacassé	Tu jacasseras
Il a jacassé	Il jacassera
Nous avons jacassé	Nous jacasserons
Vous avez jacassé	Vous jacasserez
Ils ont jacassé	Ils jacasseront

Exemples :

Tu peux jacasser autant que tu veux, ça ne changera rien !
You can blab as much as you want, it is not going to change anything!

J'ai horreur des gens qui jacassent sans cesse.
I hate people that cannot stop talking.

Kiffer = to dig/to like something

Présent:	**Passé simple:**
je kiffe	je kiffai
Tu kiffes	Tu kiffas
Il kiffe	Il kiffa
Nous kiffons	Nous kiffions
Vous kiffez	Vous kiffiez
Ils kiffent	Ils kiffèrent
Passé composé:	**Futur simple:**
J'ai kiffé	je kifferai
Tu as kiffé	Tu kifferas
Il a kiffé	Il kiffera
Nous avons kiffé	Nous kifferons
Vous avez kiffé	Vous kifferez
Ils ont kiffé	Ils kifferont

Exemples :

J'ai trop kiffé le dernier film de Tarantino !
I really digged the last movie of Tarantino!

Elle n'a pas trop kiffé que tu partes sans rien dire.
She didn't like that you left without saying a word.

Merder = to fuck up

Présent:	**Passé simple:**
je merde	je merdai
Tu merdes	Tu merdas
Il merde	Il merda
Nous merdons	Nous merdions
Vous merdez	Vous merdiez
Ils merdent	Ils merdèrent
Passé composé:	**Futur simple:**
J'ai merdé	je merderai
Tu as merdé	Tu merderas
Il a merdé	Il merdera
Nous avons merdé	Nous merderons
Vous avez merdé	Vous merderez
Ils ont merdé	Ils merderont

Exemples :

J'ai vraiment merdé avec elle. Je ne sais pas comment rattraper le coup.
I really fucked up with her. I don't know how to fix it.

Il a merdé et maintenant il essaye de se racheter.
He fucked up and now he is trying to redeem himself.

Michetoner = to be a prostitute

Présent:	**Passé simple:**
je michetonne	je michetonnai
Tu michetonnes	Tu michetonnas
Il michetonne	Il michetonna
Nous michetonnons	Nous michetonnions
Vous michetonnez	Vous michetonniez
Ils michetonnent	Ils michetonnèrent
Passé composé:	**Futur simple:**
J'ai michetonné	je michetonnerai
Tu as michetonné	Tu michetonneras
Il a michetonné	Il michetonnera
Nous avons michetonné	Nous michetonnerons
Vous avez michetonné	Vous michetonnerez
Ils ont michetonné	Ils michetonneront

Exemples :

Ça ne m'étonnerait pas qu'elle michetonne, elle.
I wouldn't be surprised if she is a prostitute.

Va michetonner !
Go get clients to fuck!

Moufter = to rebel oneself verbally

Présent:	**Passé simple:**
je moufte	je mouftai
Tu mouftes	Tu mouftas
Il moufte	Il moufta
Nous mouftons	Nous mouftions
Vous mouftez	Vous mouftiez
Ils mouftent	Ils mouftèrent
Passé composé:	**Futur simple:**
J'ai moufté	je moufterai
Tu as moufté	Tu moufteras
Il a moufté	Il mouftera
Nous avons moufté	Nous moufterons
Vous avez moufté	Vous moufterez
Ils ont moufté	Ils moufteront

Exemples :
Il n'a pas moufté quand le directeur est arrivé.
He didn't say a word when the director arrived.

Ce n'est pas mon genre de moufter, mais là il le fallait.
I'm not used to rebel, but it was necessary here.

Niquer = to fuck, to hit somebody

Présent:	**Passé simple:**
je nique	je niquai
Tu niques	Tu niquas
Il nique	Il niqua
Nous niquons	Nous niquions
Vous niquez	Vous niquiez
Ils niquent	Ils niquèrent

Passé composé:	**Futur simple:**
J'ai niqué	je niquerai
Tu as niqué	Tu niqueras
Il a niqué	Il niquera
Nous avons niqué	Nous niquerons
Vous avez niqué	Vous niquerez
Ils ont niqué	Ils niqueront

Exemples :

Ils ont niqué ensemble l'année dernière !
They fucked together last year!

Lui, j'aimerais vraiment trop le niquer.
This guy, I really want to fuck him.

Palucher (se) = to jerk off

Présent:	**Passé simple:**
je paluche	je paluchai
Tu paluches	Tu paluchas
Il paluche	Il palucha
Nous paluchons	Nous paluchions
Vous paluchez	Vous paluchiez
Ils paluchent	Ils paluchèrent
Passé composé:	**Futur simple:**
J'ai paluché	je palucherai
Tu as paluché	Tu palucheras
Il a paluché	Il paluchera
Nous avons paluché	Nous palucherons
Vous avez paluché	Vous palucherez
Ils ont paluché	Ils palucheront

Exemples :

Je me suis paluché 3 fois hier. J'ai mal à la main.
I jerked off 3 times yesterday. My hand hurts.

Tu peux me palucher s'il te plait ? Ça fait un bail !
Can you jerk me off please ? It's been a while!

Peler = to French kiss somebody

Présent:	**Passé simple:**
je pelle	je pellai
Tu pelles	Tu pellas
Il pelle	Il pella
Nous pellons	Nous pellions
Vous pellez	Vous pelliez
Ils pellent	Ils pellaient
Passé composé:	**Futur simple:**
J'ai pellé	je pellerai
Tu as pellé	Tu pelleras
Il a pellé	Il pellera
Nous avons pellé	Nous pellerons
Vous avez pellé	Vous pellerez
Ils ont pellé	Ils pelleront

Exemples :

Tu as déjà pellé quelqu'un ?
Did you already French kiss someone?

On s'est pellé en continu au cinéma hier.
We kissed during the whole time yesterday at the movies.

Pillaver = to drink alcohol

Présent:	**Passé simple:**
je pillave	je pillavais
Tu pillaves	Tu pillavas
Il pillave	Il pillava
Nous pillavons	Nous pillavions
Vous pillavez	Vous pillaviez
Ils pillavent	Ils pillavèrent
Passé composé:	**Futur simple:**
J'ai pillavé	je pillaverai
Tu as pillavé	Tu pillaveras
Il a pillavé	Il pillavera
Nous avons pillavé	Nous pillaverons
Vous avez pillavé	Vous pillaverez
Ils ont pillavé	Ils pillaveront

Exemples :

Il faut penser à acheter de quoi pillaver !
We should think about buying alcohol!

Il a trop pillavé hier soir, ça va être dur aujourd'hui !
He drank too much yesterday night. It will be hard today!

Pisser = to piss

Présent:	**Passé simple:**
je pisse	je pissai
Tu pisses	Tu pissas
Il pisse	Il pissa
Nous pissons	Nous pissions
Vous pissez	Vous pissiez
Ils pissent	Ils pissèrent
Passé composé:	**Futur simple:**
J'ai pissé	je pisserai
Tu as pissé	Tu pisseras
Il a pissé	Il pissera
Nous avons pissé	Nous pisserons
Vous avez pissé	Vous pisserez
Ils ont pissé	Ils pisseront

Exemples :
J'ai pissé par terre. J'avais trop bu.
I peed on the floor. I drank too much.

Le chat a pissé sur le canapé !
The cat peed on the couch!

Raquer = spend a lot of money you don't want to

Présent:	**Passé simple:**
je raque	je raquai
Tu raques	Tu raquas
Il raque	Il raqua
Nous raquons	Nous raquions
Vous raquez	Vous raquiez
Ils raquent	Ils raquèrent
Passé composé:	**Futur simple:**
J'ai raqué	je raquerai
Tu as raqué	Tu raqueras
Il a raqué	Il raquera
Nous avons raqué	Nous raquerons
Vous avez raqué	Vous raquerez
Ils ont raqué	Ils raqueront

Exemples :
C'est toujours moi qui raque !
I am always the one spending a lot of money!

J'ai encore du raquer pour aller au resto.
Once more, I had to spend a lot of money to go to the restaurant.

Scotcher = to be amazed by something

Présent:	**Passé simple:**
je scotche	je scotchai
Tu scotches	Tu scotchas
Il scotche	Il scotcha
Nous scotchons	Nous scotchions
Vous scotchez	Vous scotchiez
Ils scotchent	Ils scotchèrent
Passé composé:	**Futur simple:**
J'ai scotché	je scotcherai
Tu as scotché	Tu scotcheras
Il a scotché	Il scotchera
Nous avons scotché	Nous scotcherons
Vous avez scotché	Vous scotcherez
Ils ont scotché	Ils scotcheront

Exemples :

J'ai été scotché par sa performance !
I was amazed by his performance!

La nourriture nous a scotché. C'était vraiment bon.
The food was amazing. It was really good.

Squatter = to hang out

Présent:	**Passé simple:**
je squatte	je squattai
Tu squattes	Tu squattas
Il squatte	Il squatta
Nous squattons	Nous squattions
Vous squattez	Vous squattiez
Ils squattent	Ils squattèrent
Passé composé:	**Futur simple:**
J'ai squatté	je squatterai
Tu as squatté	Tu squatteras
Il a squatté	Il squattera
Nous avons squatté	Nous squatterons
Vous avez squatté	Vous squatterez
Ils ont squatté	Ils squatteront

Exemples :

Je peux squatter avec vous ce midi ?
Can I hang out with you during lunchtime?

Ils squattent toujours ensemble ces trois-là.
These three are always hanging out together.

Sucer = to suck

Présent:	**Passé simple:**
Je suce	Je suçai
Tu suces	Tu suças
Il suce	Il suça
Nous suçons	Nous sucions
Vous sucez	Vous suciez
Ils sucent	Ils sucèrent
Passé composé:	**Futur simple:**
J'ai sucé	Je sucerai
Tu as sucé	Tu suceras
Il a sucé	Il sucera
Nous avons sucé	Nous sucerons
Vous avez sucé	Vous sucerez
Ils ont sucé	Ils suceront

Exemples :
Elle m'a sucé hier, c'était super !
She sucked me yesterday, it was great!

Je n'allais quand même pas le sucer au premier rendez-vous !
Come on, I wouldn't have suck him at our first date!

Tchatcher = To chat (in a misleading way)

Présent:	**Passé simple:**
je tchatche	je tchatchai
Tu tchatches	Tu tchatchas
Il tchatche	Il tchatcha
Nous tchatchons	Nous tchatchions
Vous tchatchez	Vous tchatchiez
Ils tchatchent	Ils tchatchèrent
Passé composé:	**Futur simple:**
J'ai tchatché	je tchatcherai
Tu as tchatché	Tu tchatcheras
Il a tchatché	Il tchatchera
Nous avons tchatché	Nous tchatcherons
Vous avez tchatché	Vous tchatcherez
Ils ont tchatché	Ils tchatcheront

Exemples :

Je l'ai tchatché toute la soirée mais il n'est quand même pas rentré avec moi.
I chatted with him the whole night but he still didn't come back with me.

Arrête de me tchatcher, ça ne marche pas avec moi !
Stop bullshitting me, it is not going to work out with me!

Torcher (se) = to drink too much/to get wasted

Présent:	**Passé simple:**
Je me torche	Je me torchai
Tu te torches	Tu te torchas
Il se torche	Il se torcha
Nous nous torchons	Nous nous torchions
Vous vous torchez	Vous vous torchiez
Ils se torchent	Ils se torchèrent
Passé composé:	**Futur simple:**
Je me suis torché	je me torcherai
Tu t'es torché	Tu te torcheras
Il s'est torché	Il se torchera
Nous nous sommes torchés	Nous nous torcherons
Vous vous êtes torchés	Vous vous torcherez
Ils se sont torchés	Ils se torcheront

Exemples :

Je me suis torché hier. J'ai une de ces gueules de bois aujourd'hui !
I got wasted yesterday. I have such a hangover today!

On se torche ce week-end ?
Shall we get wasted this weekend?

Tringler = to fuck hard/to bang

Présent:	**Passé simple:**
je tringle	je tringlai
Tu tringles	Tu tringlas
Il tringle	Il tringla
Nous tringlons	Nous tringlions
Vous tringlez	Vous tringliez
Ils tringlent	Ils tringlèrent
Passé composé:	**Futur simple:**
J'ai tringlé	je tringlerai
Tu as tringlé	Tu tringleras
Il a tringlé	Il tringlera
Nous avons tringlé	Nous tringlerons
Vous avez tringlé	Vous tringlerez
Ils ont tringlé	Ils tringleront

Exemples :

Je vais la tringler ce soir !
I am going to bang her tonight!

Je me suis fait tringler toute la nuit. J'ai du mal à marcher.
I got fucked hard the whole night. I have troubles to walk.

Zyeuter = to look someone intensely

Présent:	**Passé simple:**
je zyeute	je zyeutai
Tu zyeutes	Tu zyeutas
Il zyeute	Il zyeuta
Nous zyeutons	Nous zyeutions
Vous zyeutez	Vous zyeutiez
Ils zyeutent	Ils zyeutèrent
Passé composé:	**Futur simple:**
J'ai zyeuté	je zyeuterai
Tu as zyeuté	Tu zyeuteras
Il a zyeuté	Il zyeutera
Nous avons zyeuté	Nous zyeuterons
Vous avez zyeuté	Vous zyeuterez
Ils ont zyeuté	Ils zyeuteront

Exemples :

Je n'arrête pas de la zyeuter, elle est vraiment trop canon !
I cannot stop looking at her, she is so hot!

Je la zyeute, mais elle ne me regarde pas en retour.
I keep looking at her but she is not looking me back.

Printed in Great Britain
by Amazon